La Navidad alrededor del mundo

por **Emily Kelley** ilustraciones por **Joni Oeltjenbruns**

ediciones Lerner / Minneapolis

A mi familia y a la memoria de mi padre,
y especialmente a Sam —E. K.

A mis padres, Neil y Mary, que me enseñaron
el verdadero significado de la Navidad —J. O.

Traducción al español: copyright © 2006 por ediciones Lerner
Título original: *Christmas around the World*
Texto: copyright © 1986 por Carolrhoda Books, Inc., © 2004 por Carolrhoda Books, Inc.
Ilustraciones: copyright © 2004 por Joni Oeltjenbruns

Mapa de págs. 44 y 45 por Laura Westlund, © 2004 por Carolrhoda Books Inc.
Borde del mapa copyright © 2004 por Joni Oeltjenbruns.

La edición en español fue realizada por un equipo de traductores nativos de español de
translations.com, empresa mundial dedicada a la traducción.

ediciones Lerner
Una división de Lerner Publishing Group
241 First Avenue North
Minneapolis, MN 55401 EUA

Dirección de Internet: www.lernerbooks.com

Library of Congress Cataloging-in-Publication Data

Kelley, Emily.
    [Christmas around the world. Spanish]
    La navidad alrededor del mundo / por Emily Kelley ; ilustraciones por Joni
Oeltjenbruns.
        p.   cm. — (Yo solo festividades)
    ISBN-13: 978–0–8225–3116–6 (lib. bdg. : alk. paper)
    ISBN-10: 0–8225–3116–X (lib. bdg. : alk. paper)
    1. Christmas—Juvenile literature. I. Oeltjenbruns, Joni. II. Title. III. Series.
GT4985.5.K4418 2006
394.2663—dc22   2005007207

Fabricado en los Estados Unidos de América
1 2 3 4 5 6 – DP – 11 10 09 08 07 06

Contenido

¿Qué es la Navidad?

La Navidad es la celebración del nacimiento de Jesús. La Biblia cristiana cuenta la historia de este nacimiento. Dice que Jesús nació hace ya más de dos mil años. Su padre era José, un carpintero que junto con su esposa, María, vivía en Nazaret, un pueblo de Palestina. María estaba a punto de dar a luz a su hijo cuando un ángel se le apareció y le dijo que daría a luz al hijo de Dios.

En aquella época, Palestina estaba bajo el dominio de los romanos. El emperador romano había ordenado que se hiciera una lista llamada "censo" de todos los habitantes de su imperio. Por eso, María y José tuvieron que ir a Belén a agregar sus nombres a la lista. Cuando llegaron, no había lugar para ellos en la posada, pero un

posadero les permitió quedarse en un establo. Fue allí donde María dio a luz a Jesús.

María y José prepararon una cama para su hijo en el pesebre. Los pastores vinieron a verlo. Dijeron que los ángeles del cielo cantaron la noticia del nacimiento de este bebé especial. Desde muy lejos llegaron tres reyes magos para entregarle regalos.

En la actualidad, los cristianos de todo el mundo celebran la Navidad todos los años, en diciembre o en enero. En este libro, aprenderás sobre las costumbres navideñas de ocho países. Algunas de ellas son muy antiguas. Otras son mucho más modernas. La Navidad se celebra en formas diferentes en cada país, pero todas las celebraciones tienen algo en común: la calidez y la alegría navideña.

En México, la Navidad está formada
por varias fiestas.

Las más importantes son "las posadas",
que simbolizan el recorrido
que hicieron María y José en Belén hasta
encontrar el pesebre.

Durante nueve noches, los amigos
se reúnen a participar de pastorelas.

Llevan velas encendidas y estatuas
del Niño Jesús, María y José
y entonan villancicos navideños.

Cada noche, un hombre o niño
representa a José.

Golpea a la puerta de una casa,
que simboliza una posada de Belén.

—En el nombre del cielo,
os pido posada —canta.

—Aquí no es mesón —le responden—.
Sigan adelante.

Después de la primera negativa,
todos son invitados a una fiesta.

La novena posada se realiza
en la Nochebuena.

Cuando José golpea a la puerta,
le dicen que hay lugar solamente
en el establo.

Todos entran en la casa.

Cantan y rezan.

La estatua del Niño Jesús
se coloca en un pesebre.

Suenan las campanas y silban las bocinas.

Es una fiesta grande y divertida.

Después de esto, todos se dirigen a la iglesia.

Cada noche de las posadas,

los niños rompen una piñata.

La piñata es una olla de barro

decorada en forma de animal.

Está llena de juguetes, golosinas,

frutas y regalos.

Cada noche, se cuelga una piñata en lo alto.

Los niños toman turnos para pegarle.

Les vendan los ojos y los hacen girar.

Luego les dan un palo

para que le peguen a la piñata.

No es fácil atinarle.

Uno, dos, tres intentos,

¡pero no acierta ninguno!

Cada niño lo intenta hasta que, *¡Zas! ¡Pum!*

La piñata se rompe.

Todos se lanzan a recoger los juguetes

y los dulces.

En Etiopía, la Navidad tiene

su propio deporte.

Los etíopes juegan "genna" solamente

en estas fiestas.

Este juego es similar al hockey,

pero no se juega sobre hielo.

En Etiopía hace demasiado calor

para los deportes sobre hielo.

El "genna" se juega en una cancha.

Los jugadores le pegan a

una pelota de madera con palos curvos.

La multitud anima a su equipo favorito.
Los ganadores bailan por el pueblo
y cantan canciones de victoria.

Los etíopes no dan regalos en Navidad.

Las familias celebran con el juego de "genna".

Los niños solamente reciben
golosinas de azúcar.

Otra manera de celebrar en Etiopía
es visitar una de las iglesias especiales
del país.

Estas 13 iglesias tienen
cientos de años de antigüedad.

Fueron talladas en roca sólida.

Muchos etíopes van a ellas para las
ceremonias navideñas, que duran 3 horas.

Todos se mantienen de pie
durante este tiempo.

Cuando termina, una cruz recorre la multitud.

La gente la besa como demostración de su
amor y respeto por Dios.

Luego regresan a sus casas y comen
un banquete de guiso picante de pollo.

En China, la Navidad se acompaña
de un resplandor especial.
Los cristianos iluminan sus casas
con hermosos faroles de papel.
Los árboles navideños se llaman
"árboles de luz".
Están decorados con cadenas, faroles
y flores de papel.

Santa Claus también visita China.
Allí se lo llama "Dun Che Lao Ren".
Los niños cuelgan calcetines de algodón
y esperan que Dun Che Lao Ren venga
y los llene de regalos.

En Alemania, la temporada navideña
comienza cuando se abren
las ferias de Navidad.
Estas ferias están decoradas
con faroles y ramas de árboles.
El aire se inunda de un aroma
a salchichas y galletas de jengible.
La gente compra juguetes artesanales,
adornos y árboles navideños.

La tradición del árbol de Navidad
comenzó en Alemania.

Son varias las historias sobre este árbol.

Una cuenta sobre un religioso
llamado Martín Lutero,
que vivió durante el siglo XVI.

Una Nochebuena,
salió a caminar por un bosque.

Las estrellas brillaban en el cielo.

La nieve cubría los árboles.

Martín Lutero quería
compartir esta belleza con su familia.

Cortó un pequeño árbol
de hojas perennes
y lo llevó adentro.

Para que brillara como las estrellas,
coloco velas en sus ramas.
Estas velas fueron las primeras luces
del árbol de Navidad

Las familias alemanas compran un árbol
unos días antes de Navidad.
En la víspera de Navidad,
los padres lo decoran.
Colocan galletas, caramelos
y esferas de vidrio en sus ramas.
A veces también le cuelgan velas o luces.
Al anochecer, los niños vienen a ver el árbol.
Las velas y las luces
están encendidas.
Todos cantan
villancicos
navideños.

A la hora de acostarse,
muchos niños alemanes
tratan de escuchar con mucha atención.
Quieren escuchar a "Kris Kringle",
que entra por la ventana a traer regalos.
Cuando los deja, hace sonar una campana.
Si se escucha el tintinear de una campana
en Nochebuena, es señal de buenos
augurios para el día que comienza.

Unos pocos días antes de la Navidad,
los cristianos del Líbano
plantan semillas en pequeñas macetas.
Las riegan y cuidan.
Para el día de Navidad, las semillas ya
se han convertido en pequeñas plantas.
Estos símbolos de vida nueva
se utilizan como decoración navideña.

La mañana de Navidad es cuando
los amigos llegan de visita.
Las personas beben café y comen almendras
cubiertas de azúcar.

Después se dirigen a la iglesia.

Al final de la celebración,

todos tocan el hombro o la mano

de los demás.

Algunos se besan

en la mejilla.

Esto se denomina "caricia de paz".
Es una bendición que todos
pueden llevarse consigo.
Después de la iglesia,
toda la familia se reúne
para almorzar y repartir regalos.

En el Líbano, la leyenda cuenta que un
pequeño camello trae los regalos navideños.
Se dice que los tres reyes magos
compraron un camello para realizar su viaje
y conocer a Jesús.
La cría del camello también quería conocerlo,
así que siguió a su madre a través del desierto.

Cuando vió al niño,

se sintió lleno de alegría

y comenzó a llevar regalos a la gente.

En realidad, en Líbano no hay camellos,

pero los niños continúan dejando agua

y comida en las puertas de sus casas

para el camello de Navidad.

En Suecia, las celebraciones navideñas
comienzan el trece de diciembre,
el Día de Santa Lucía.
Santa Lucía fue una joven valiente
que vivió en el siglo IV.
Muchas personas no querían
a los cristianos en aquellos tiempos.
Algunos cristianos se escondían
en túneles oscuros para protegerse.
Ella les llevaba comida en las noches.
Llevaba velas sobre su cabeza
para iluminar el camino.

En el Día de Santa Lucía,

los suecos celebran el Festival de la Luz.

Antes del amanecer,

la joven más grande de la familia

se viste toda de blanco.

Se coloca sobre la cabeza

una corona de hojas verdes

con siete velas encendidas.

Lleva café y panecillos

a su familia a las habitaciones.

En Nochebuena,

la familia prepara una cena especial.

Generalmente comen jamón y pescado.

Luego todos abren los regalos.

En Navidad, van a la iglesia

y luego descansan.

Durante la temporada navideña de Australia,

no hay pinos cubiertos de nieve.

No hay paseos en trineo

ni luchas en la nieve.

Allí es verano.

El sol brilla intensamente

durante todo el día.

La Nochebuena es un momento
de luces y música.
Las familias y los extraños
se reúnen en las plazas de la ciudad.
Encienden velas y juntos cantan
villancicos hasta medianoche.

En Navidad,

los niños se levantan temprano

y comen un rico desayuno.

Después, abren los regalos

que Santa Claus les trajo.

Algunas familias van a la iglesia.

A la tarde, muchas personas

llevan *picnics* a la playa.

El pavo y el budín de ciruelas
son los alimentos favoritos
del almuerzo navideño.
Algunos comen langosta
o preparan una barbacoa.
Los niños construyen castillos de arena
y juegan al sol toda la tarde.

En Rusia, la temporada navideña
se llama "Sviatki" o "Días Santos".

Es una época del año muy hermosa.

La nieve cubre la tierra y los árboles.

La gente se cubre con
gruesos abrigos y gorros.

Es una temporada de alegría y buen humor.

Los niños rusos reciben sus regalos
el día de Año Nuevo.

Existen muchas leyendas
sobre quién trae los regalos.
La más famosa de todas
es la del "Abuelo Frío".
Su apariencia es similar a
la de Santa Claus.
Su nieta, Nievecita, de largos cabellos rubios
y sombrerito de piel blanca,
lo ayuda a repartir los regalos.

El día de Año Nuevo
es el festival de invierno.

Los artistas esculpen figuras en el hielo.

Los niños juegan con luces de bengala
y bailan.

En la ciudad de Moscú,
se coloca un gran árbol de Año Nuevo.

Es similar al árbol de Navidad.

Las personas lo decoran
con grandes muñecas llamadas "campesinas".

Se cuelgan muchas luces en sus ramas.

Los rusos celebran la Navidad el 7 de enero.
Muchos van a la iglesia
a la medianoche de Nochebuena.
Despúes, marchan serenamente
con antorchas y velas.

El día de Navidad es un día de paz.

Las familias comparten este día.

Como los cristianos de todo el mundo,

recuerdan la razón de la paz

y la alegría navideña.

Recuerdan el nacimiento de Jesús

hace ya más de dos mil años.

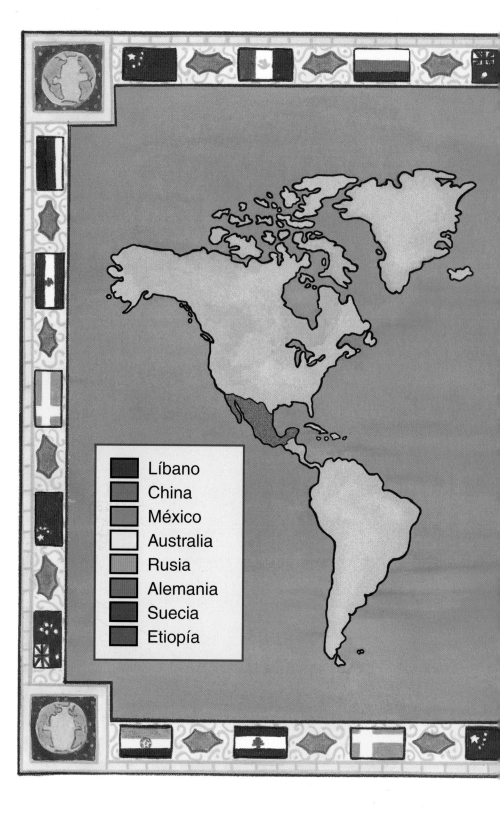

Líbano
China
México
Australia
Rusia
Alemania
Suecia
Etiopía

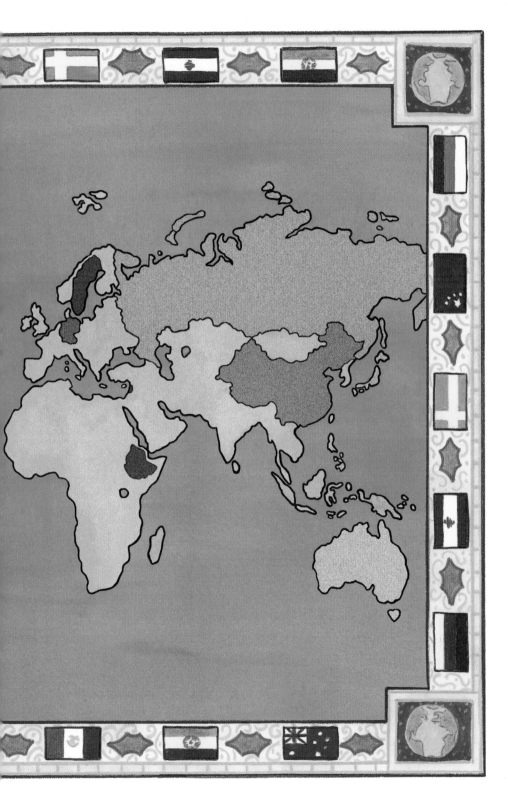

Chistes navideños

P: ¿Cuál es el colmo de Santa?
R: No pasar por la chimenea.

P: ¿Cómo se les llaman a los habitantes de Belén?
R: Figuritas

P: ¿Qué significa "atinada"?
R: Es la respuesta de Santa a los niños que se portan mal: "a ti nada".

46

Trabalenguas navideños

Ronronea Rodolfo el reno rumiando y rumiando heno.

"Chica la chimenea" chilla Santa con un chichón.

La estrella más bella es aquella que lleva a los reyes por la huella.

Nórdicas noches de Navidad nevada navega Santa en su nave.

Santa sabe saborear los sabores de la Navidad.

Con rojo resplandor, Rodolfo el reno raudo corre y recorre el cielo.

Coronas de hojuelas de maíz

Pide ayuda a un adulto para poner manos a la obra en esta divertida receta. Necesitarás:

½ taza de mantequilla
3 tazas de malvaviscos pequeños
½ cucharadita de extracto de vainilla
1 cucharadita de colorante verde
4 tazas de hojuelas de maíz
1 cucharada de mantequilla
   (para los dedos)
Papel encerado
Dulces de canela rojos

1. Coloca la ½ taza de mantequilla y los malvaviscos en un tazón para microondas. Caliéntalos en el microondas a temperatura alta durante dos minutos. Usa una agarradera para sacar el tazón. Mezcla.

2. Calienta la mezcla nuevamente a temperatura alta durante 2 minutos o hasta que esté totalmente disuelta.

3. Añade el extracto de vainilla y el colorante. Mezcla hasta alcanzar un color verde homogéneo.

4. Añade las hojuelas de maíz. Mezcla bien.

5. Con mantequilla en los dedos, coloca puñados de la mezcla sobre el papel encerado y dales forma de rosca.

6. Añade los dulces de canela rojos para que parezcan bayas. Deja enfriar. Esta mezcla es suficiente para hacer 12 coronas.